essentials

Essentials liefern aktuelles Wissen in konzentrierter Form. Die Essenz dessen, worauf es als „State-of-the-Art" in der gegenwärtigen Fachdiskussion oder in der Praxis ankommt. Essentials informieren schnell, unkompliziert und verständlich

- als Einführung in ein aktuelles Thema aus Ihrem Fachgebiet
- als Einstieg in ein für Sie noch unbekanntes Themenfeld
- als Einblick, um zum Thema mitreden zu können

Die Bücher in elektronischer und gedruckter Form bringen das Expertenwissen von Springer-Fachautoren kompakt zur Darstellung. Sie sind besonders für die Nutzung als eBook auf Tablet-PCs, eBook-Readern und Smartphones geeignet.

Essentials: Wissensbausteine aus den Wirtschafts, Sozial- und Geisteswissenschaften, aus Technik und Naturwissenschaften sowie aus Medizin, Psychologie und Gesundheitsberufen. Von renommierten Autoren aller Springer-Verlagsmarken.

Christian Arnold

Serviceparadigmen und Implikationen für die Vermarktung

Eine Einführung

Dr. Christian Arnold
HHL Leipzig Graduate School
of Management
Leipzig
Deutschland

ISSN 2197-6708　　　　　　　ISSN 2197-6716 (electronic)
essentials
ISBN 978-3-658-09620-5　　　ISBN 978-3-658-09621-2 (eBook)
DOI 10.1007/978-3-658-09621-2

Die Deutsche Nationalbibliothek verzeichnet diese Publikation in der Deutschen Nationalbibliografie; detaillierte bibliografische Daten sind im Internet über http://dnb.d-nb.de abrufbar.

Springer Gabler
© Springer Fachmedien Wiesbaden 2015

Gedruckt auf säurefreiem und chlorfrei gebleichtem Papier

Springer Fachmedien Wiesbaden ist Teil der Fachverlagsgruppe Springer Science+Business Media
(www.springer.com)

Vorwort

Zwar finden sich zahlreiche potenziell impulsgebende Abhandlungen zum Sinn und Zweck der Implementierung servicegeprägter Vermarktungsphilosophien. Während meiner langjährigen Tätigkeit als Managementberater durfte und musste ich aber immer wieder erfahren, dass zahlreiche (Marketing-)Manager nach wie vor regelmäßig eine Neigung entwickeln, produktfokussiert und weitgehend kundenexkludiert – ganz im Sinne der „Das Produkt ist unser Held"-Mentalität – zu agieren. Konsequenterweise ist diese Weltsicht von der Vorstellung geprägt, dass Service lediglich als Abrundung des Portfolios zu dienen hat und daher ein notwendiges Übel darstellt, dessen scheinbar pathologische Eigenschaften mit Vermarktungsproblemen einhergehen, die mit produktionswirtschaftlichen Strategien und Instrumenten zu managen sind.

Als Lehrbeauftragter verschiedener dualer Studiengänge ist mir bewusst, dass die studentischen Praxiskontaktpunkte oftmals Serviceverständnisse vermitteln, die mit den gegenwärtig geführten Diskursen der akademischen Sphäre kaum zu vereinen sind. Dies geht dann allerdings schon während des Studiums mit einer nicht notwendigen Perspektiveneinengung einher. Ich habe mich daher entschlossen, die nunmehr vorliegende Schrift zu erarbeiten, die dem interessierten Leser erstens einen Einstieg in die gegenwärtig dominierenden Serviceparadigmen ermöglicht. Zweitens werden einige von mir als relevant erachtete Implikationen für eine relational-interaktive und damit servicezentrierte Vermarktungsphilosophie erläutert.

Einen gewichtigen Anteil am Gelingen des vorliegenden Werks trägt meine Lebensgefährtin Csilla, die mich mit viel Geduld unterstützt und mir jederzeit die notwendigen Rückzugsräume zugestanden hat. Hierfür möchte ich mich bei ihr an dieser Stelle herzlich bedanken!

Heidelberg, im Februar 2015   Christian Arnold

Inhaltsverzeichnis

Einleitende Überlegungen 1

Service ist ein bedeutender, wenn nicht gar der bedeutendste Werterzeuger moderner Volkswirtschaften. Dies lässt sich erstens am Anteil des tertiären Sektors (Servicesektor) an der Bruttowertschöpfung dokumentieren, der von Eurostat (2015) für Deutschland (für die Europäische Union) im Jahr 2013 auf 69 % (74 %) beziffert wird. Zweites zeigen bereits einfache lineare Regressionen der sektoralen Bruttowertschöpfungsquoten, dass der tertiäre Sektor – zumindest in Deutschland – ungebrochen an Bedeutung gewinnt. Die wichtigsten Resultate dieser Analyse finden sich in Abb. 1.1, wobei folgende Aspekte zu beachten sind:

- Die Signifikanzwerte erreichen allesamt das 0,1 % Niveau, was in der Regel als hoch signifikant interpretiert und in tabellarischen und grafischen Ergebnispräsentationen mit drei Sternen (***) gekennzeichnet wird (Bortz und Döring 2002).
- Lediglich die vom Sachverständigenrat zur Begutachtung der gesamtwirtschaftlichen Entwicklung (2015) veröffentlichten sektoral aggregierten Bruttowertschöpfungsquoten der Jahre 1991 bis 2013 sind Bestandteil der Untersuchung.
- Der Durbin-Watson-Test signalisiert erwartungsgemäß das Vorliegen positiver Autokorrelationen.

Die Ergebnisse sind somit zwar mit Bedacht zu interpretieren, erlauben aber dennoch die Schlussfolgerung, dass der Bedeutungszuwachs des tertiären Sektors ein nachhaltiges Phänomen darstellt.

Auf der mikroperspektivisch-betriebswirtschaftlichen Ebene ist zu attestieren, dass Service durchaus als zentrale Geschäftsmodellkomponente erfolgreicher

© Springer Fachmedien Wiesbaden 2015

C. Arnold, *Serviceparadigmen und Implikationen für die Vermarktung,* essentials,

DOI 10.1007/978-3-658-09621-2_1

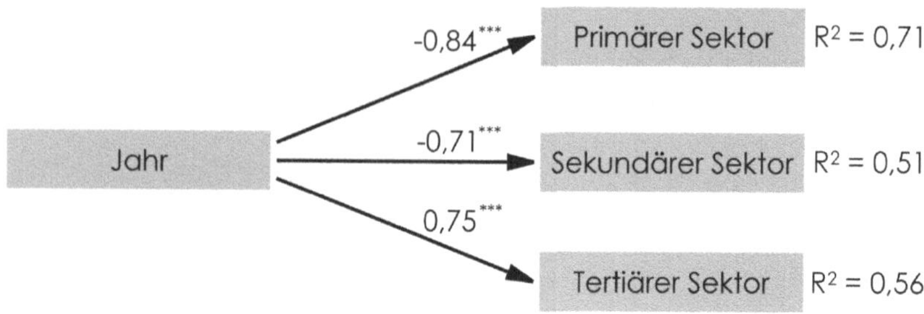

Abb. 1.1 Relativer sektoraler Anteil an der Bruttowertschöpfung im Zeitverlauf

Unternehmen fungieren kann (Ng et al. 2011); oftmals aber nur als Abrundung des Portfolios, als ergänzendes Verkaufsargument, als den Leistungskern unterstützendes Differenzierungsmerkmal oder als diffus definierter Value-Added und damit faktisch als notwendiges Übel zur Sicherung der Wettbewerbsposition verstanden wird, das von dem traditionellen Vermarktungsobjekt Sachgut divergiert und mit unliebsamen Vermarktungsproblemen einhergeht. Verstärkt wird diese Sichtweise der Praxis durch die – nach wie vor – auch in der akademischen Sphäre anzutreffende und faktisch theoriefreie Abgrenzung der Begriffe Service und Sachgut mithilfe so genannter konstitutiver Merkmale (exemplarisch Voigt 2008; Leimeister 2012). Anzumerken ist allerdings, dass gegenwärtig vor allem in der akademisch geprägten Betriebswirtschaftslehre ein verstärkter und begrüßenswert reger Deutungsdiskurs stattfindet, aus dem zweifelsohne Denkrichtungen und damit einhergehend Vermarktungsphilosophien mit beachtlichen Implikationen für Unternehmen unterschiedlichster Branchen extrahierbar sind. Der Praxistransfer gestaltet sich allerdings bisher insofern mäßig erfolgreich, da die Implementierung korrespondierender Konzepte oftmals ohne Durchdringung des zugehörigen Paradigmas und ohne fundierende Vermarktungsphilosophie erfolgt. Die vorliegende Ausarbeitung soll daher dem interessierten Leser erstens einen Einstieg in die gegenwärtig dominierenden Serviceparadigmen ermöglichen und zweitens einen Beitrag leisten, einige als relevant zu erachtende Implikationen für die Servicevermarktung aufzuzeigen.

Im folgenden Abschnitt finden sich einführende Erläuterungen der betriebswirtschaftlich geprägten Denkrichtungen zum Phänomen Service. Anschließend erfolgt eine Erörterung der Implikationen für die Servicevermarktung, wobei dieser Teil der Ausarbeitung insofern in Relation zu dem vorhergehenden Abschnitt bewusst knapp gehalten wurde, da konkrete Strategie- und Maßnahmenaspekte zwar von den zugrunde gelegten Paradigma abhängen, aber auch mit hier nicht umfänglich entfaltbaren Branchen- und Geschäftsmodellspezifika verbunden sind. Die Arbeit endet mit einer kurzen Würdigung der diskutierten Punkte.

Serviceparadigmen der BWL 2

Zwar finden sich zahlreiche Versuche, Services von Sachgütern mithilfe enumerativer Ansätze oder Negativdefinitionen abzugrenzen (Burr und Stephan 2006). Ein vertiefender Diskurs dieser Definitionsvarianten wäre im Rahmen dieser Ausarbeitung allerdings nicht hilfreich: Weder eine adäquate Charakterisierung des Phänomens, noch die damit verknüpften Implikationen für die Servicevermarktung sind aus Enumerationen oder Negativdefinitionen destillierbar. Bei enumerativer Herangehensweise ist unklar, wann eine Aufzählung als umfassend angesehen werden kann. Negativdefinitionen stellen hingegen lediglich wissenschaftliche Verlegenheitslösungen dar, denen es an inhaltlicher Präzision mangelt (Homburg 2015). Allerdings finden sich in der wissenschaftlichen Sphäre durchaus Denkrichtungen, die eine möglichst umfassende Offenlegung der phänomenspezifischen Tiefenstrukturen anstreben und daher mutmaßlich gehaltvolle Hinweise für das Vermarktungsmanagement beinhalten. Als etabliert gelten das IHIP-Modell, die Leistungslehre und die Service-Dominant Logic (S-D Logic), die allesamt die gegenwärtige Serviceforschung beeinflussen und – wenn auch unterschiedlich stark – prägen. In Abb. 2.1 findet sich eine grafische Repräsentation der, in den folgenden Abschnitten noch zu beleuchtenden Paradigmen, einschließlich einer prägnanten Kernaussage, um so den Einstieg in die Thematik für den Leser möglichst einfach zu gestalten.

© Springer Fachmedien Wiesbaden 2015
C. Arnold, *Serviceparadigmen und Implikationen für die Vermarktung*, essentials,
DOI 10.1007/978-3-658-09621-2_2

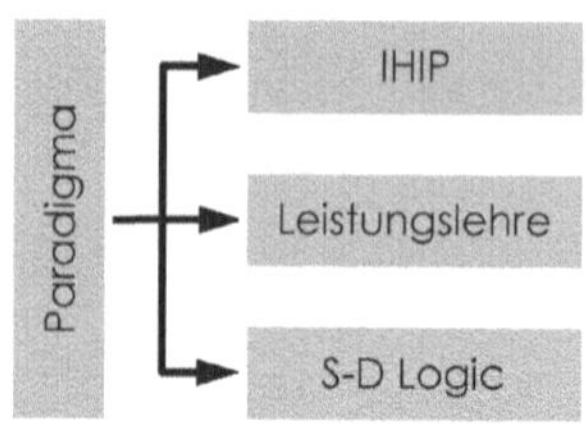

Abb. 2.1 Kernaussagen der zu untersuchenden Serviceparadigmen

2.1 IHIP

Im Rahmen der Definitionsbemühungen auf Grundlage konstitutiver Merkmale haben die bereits von Regan (1963) diskutierten und als IHIP-Modell bekannten Kriterien Intangibility (Immaterialität), Heterogeneity (Heterogenität), Inseparability (Untrennbarkeit von Produktion und Verbrauch; Uno-actu-Prinzip) und Perishability (Vergänglichkeit) ein beachtliches Maß an Bedeutung erlangt. Services sind laut Zeithaml et al. (1985) Performances (Verrichtungen), die mithilfe der IHIP-Merkmale charakterisiert werden können:

- Immaterialität: Es ist nicht möglich, Verrichtungen in der gleichen Art und Weise wie Sachgüter zu sehen, zu fühlen, zu schmecken und zu berühren.
- Heterogenität: Die Serviceerbringung ist von kontextuellen Faktoren abhängig und damit in hohem Maße variabel. Die Qualität und das Ergebnis konkreter Services können von Anbieter zu Anbieter, von Kunde zu Kunde und von Tag zu Tag variieren.
- Untrennbarkeit von Produktion und Verbrauch (Uno-actu-Prinzip): Sachgüter können zunächst hergestellt, dann verkauft und anschließend verbraucht werden. Da der Kunde oftmals während der Serviceerbringung anwesend sein muss, finden Produktion und Verbrauch simultan statt.
- Vergänglichkeit: Services sind nicht speicher- bzw. lagerfähig, weswegen es für Serviceanbieter problematisch sein kann, Angebot und Nachfrage zu synchronisieren.

Da Service als Performance zu verstehen und anhand der IHIP-Merkmale von dem traditionellen Vermarktungsobjekt Sachgut abgrenzbar ist, können leicht phänomenspezifische Vermarktungsprobleme destilliert und möglichst allgemeingültige Vermarktungsstrategien entwickelt werden. Diese sind dann vom Management konkreter Unternehmen kontextadäquat zu adaptieren und zu implementieren.

Zeithaml et al. (1985) gebührt der Verdienst, die aus dem IHIP-Modell abgeleiteten Vermarktungsprobleme und -strategien aus der Serviceliteratur der 1960er bis 1980er Jahre extrahiert und aufbereitet zu haben (vgl. hierzu Tab. 2.1).

Zwar findet sich auch in aktuellen Literaturquellen immer noch eine starke Verbreitung des IHIP-Modells und der hieraus abgeleiteten vermarktungsspezifischen Problemstellungen und Lösungsstrategien (exemplarisch Bieger 2007; Möller 2008; Voigt 2008; Homburg 2015). Als kritisch erweist sich allerdings, dass eine eindeutige Verortung in die Sachgut- oder Servicesphäre oftmals nicht möglich ist, da viele marktlich erwerbbare Performances die IHIP-Merkmale nur eingeschränkt oder gar nicht erfüllen:

- Artefakte sind regelmäßig tangibel und damit materiell. Dies ist auch dann der Fall, wenn sie zur Serviceerbringung eingesetzt werden oder das Resultat einer Performance darstellen. Man denke bspw. an einen Flug in einer ansprechenden

Tab. 2.1 Vermarktungsprobleme und Vermarktungsstrategien. (Zeithaml et al. 1985, S. 35)

Merkmal	Vermarktungsprobleme	Vermarktungsstrategien
Intangibility	• Die Preisfindung gestaltet sich schwierig • Services sind nicht patentierbar • Services können nicht ohne weiteres präsentiert und/ oder kommuniziert werden	• Betonen greifbarer Aspekte • Nutzung personenbezogener Quellen • Stimulieren der Mund-zu-Mund Kommunikation • Aufbau eines starken Unternehmensimages • Bestimmen des Preises mithilfe der Kostenrechnung • Intensivieren der After-Sales Kommunikation
Heterogeneity	• Standardisierung und Qualitätskontrollen sind nur schwer umsetzbar	• Services standardisieren • Services individualisieren
Inseperability	• Der Kunde ist in die Produktion eingebunden • Andere Nachfrager sind bei der Produktion beteiligt • Zentralisierte Massenproduktion von Services ist schwierig umsetzbar	• Hervorheben des Qualifikations- und Ausbildungsniveaus des Servicepersonals • Nachfrager entwickeln und lenken • Services an mehreren Standorten anbieten
Perishability	• Es ist nicht möglich, Services zu inventarisieren • Services sind nicht lagerfähig	• Entwickeln von Strategien, die den Umgang mit schwankender Nachfrage gestatten • Kontinuierliche Kapazitätssynchronisierung mit der Nachfragesituation

Sitzklasse: Zwar ist der Sitz zweifelsohne Teil der Verrichtung und Teil des Angebots der Fluggesellschaft, dennoch ist er materiell. Im Zusammenhang mit den Resultaten sei exemplarisch auf die Performance eines Friseurs hingewiesen, der die Frisur des Serviceempfängers mithilfe einer Haarverlängerung veredelt. Ohne Zweifel haben die verlängerten Haare einen materiellen Charakter. Es ist daher festzuhalten, dass sich das Merkmal der Immaterialität nicht auf tangible Artefakte beziehen kann, die in die Performance einfließen oder aus ihr hervorgehen. Vielmehr inkludiert der Servicebegriff im Sinne der vorgetragenen Logik de facto nur den bestenfalls vage charakterisierten Aspekt der sich vollziehenden Tätigkeit. Konsequenter Weise ist dann auch der Serviceerbringer kein Bestandteil des Service, da er als mutmaßlich materielle Entität angesehen, berührt, gefühlt und ggf. geschmeckt werden kann. Verbindet man die Immaterialitätsthese mit der Annahme, dass die mit der Performance verbundenen Tätigkeiten vom Serviceanbieter geleistet werden, dann sind leicht weitere Beispiele zu finden, die die fehlende Adäquanz des betrachteten IHIP-Merkmals verdeutlichen: Im Zuge einer Übernachtung in einem Hotel erbringt zwar der Anbieter einige Verrichtungen wie Check-in und die Zubereitung des Frühstücks. Im Kern stellt das Hotel aber das Zimmer mit einer bestimmten Einrichtung und damit materielle Artefakte zur Verfügung. Die eigentliche Performance der Übernachtung ist hingegen ein nachfragerseitig zu verortender Prozess.

- Vergänglichkeit ist zwar gegeben, wenn ein konkreter Service als Live-Performance erbracht wird und daher schwerlich gelagert werden kann. Zu bedenken ist aber, dass zahlreiche Verrichtungen mithilfe geeigneter Technologien konservierbar und daher zu späteren Zeitpunkten gebrauchbar sind, was sich am Beispiel der Filmwirtschaft leicht belegen lässt. Die Nichtlagerfähigkeitsbehauptung ist auch für die Resultate konkreter Services schwerlich verallgemeinerbar, da sie oftmals tangibel sind oder in elektronischer Form vorliegen können. Als Beispiel für ein elektronisch konserviertes Performanceresultat sei das Layout einer Webseite genannt, das normalerweise nicht schnell vergänglich ist.

- Performances künstlicher Entitäten wie das Auszahlen von Geld eines Geldautomaten, die Beantwortung einer Datenbankabfrage oder die Verarbeitung einer Registrierung auf einem Webportal sind weitestgehend standardisiert und somit in wesentlichen Zügen homogen. Dies gilt regelmäßig auch dann, wenn die Verrichtung maßgeblich von kontextuellen Faktoren beeinflusst wird, da die verfügbaren Varianten der Serviceerbringung durch die technischen Eigenschaften des Serviceerbringers restringiert sind. Zu beachten ist außerdem, dass analog oder digital gespeicherte Performances problemlos mehrmals in identischer Form aufgeführt werden können.

- Die vorgetragenen Beispiele zeigen bereits, dass die Untrennbarkeit von Produktion und Verbrauch schwerlich haltbar ist, wenn die Performance in konservierter Form vorliegt. Außerdem unterstellt das Uno-actu-Prinzip, dass der Kunde die Verrichtung als solche konsumiert. Es lassen sich auch hier ohne Mühe Beispiele finden, die zeigen, dass der Nachfrager vornehmlich das Ergebnis der Serviceerbringung verbraucht und nicht die Serviceerbringung selbst. So scheint der bereits erwähnte Friseurbesuch – zumindest in den meisten Fällen – kein Selbstzweck. Vielmehr erwartet der Serviceempfänger eine Frisur, die die Serviceerbringung überdauert.

Es ist zu resümieren, dass nur solche Verrichtungen die IHIP-Merkmale vollständig erfüllen können, die in Echtzeit (Live) ausgeführt und von Entitäten erbracht werden, deren konkrete Ausführung von Performance zu Performance merklich variiert. Außerdem impliziert das IHIP-Modell, dass der Serviceerbringer nicht Teil des Service ist und der Serviceempfänger primär die Performance und nicht die oftmals tangiblen und/oder speicherfähigen Resultate der Performance verbraucht. IHIP beinhaltet somit eine mit erheblicher Unschärfe einhergehende Begriffsauslegung und kann bestenfalls in Spezialfällen (nicht aber im allgemeinen) Geltung beanspruchen. Lovelock und Gummesson (2004, S. 31 f.) bestätigen die vorgetragene Auffassung und kommen mithilfe eines Gültigkeitstests zu folgendem Ergebnis: „To make the point convincingly that IHIP is not generalizable to all services, we do not have to prove that none of the IHIP characteristics ever applies to any service but simply that there are sufficient exceptions to discredit the claim of universal generalizability [...] We contend that the claim that services are uniquely different from goods on the four specific IHIP characteristics is not supported by the evidence; it was only true for certain types of services, as it was for some goods [...] As a paradigm, the notion that the four IHIP characteristics make services uniquely different from goods is deeply flawed".

2.2 Leistungslehre

Die maßgebend von Engelhardt und seinen Schülern geformte Leistungslehre knüpft an die mikroökonomisch inspirierten produktionstheoretischen Ausarbeitungen Gutenbergs (1958) an, der die anbieterseitig gelenkte Leistungserstellung als Ankerpunkt seiner Überlegungen verwendet. Der Leistungserstellungsprozess des Anbieters hat hiernach einen wertschöpfenden Charakter. Er umfasst im Wesentlichen die Kombination von Produktionsfaktoren (Faktoreinsatz) und deren Überführung in marktfähige Leistungen (Faktorertrag). Dem Nachfrager obliegt die

Verwendung des Faktorertrags, was allerdings mit dem Verzehr des anbieterseitig generierten Werts einhergeht (Dyckhoff 2006). Die vorgetragenen Überlegungen zu den Grundzügen der Produktionstheorie sind in Abb. 2.2 grafisch dargestellt.

Die Protagonisten der Leistungslehre betonen ebenfalls die Bedeutung der Wertschöpfung im Rahmen der Leistungserstellung, grenzen sich jedoch von den bereits skizzierten produktionstheoretischen Überlegungen ab, indem sie herausarbeiten, „daß Nachfrager via externe[r] Faktoren auf die Leistungserstellungsprozesse von Anbietern einwirken und daß einzelbetriebliche Wertschöpfungsprozesse nicht an den Unternehmensgrenzen enden" (Kleinaltenkamp 1997, S. 108). Die Leistungslehre kann daher grundsätzlich als eine Denkrichtung charakterisiert werden, die sich an der Produktionstheorie orientiert, aber weniger stark auf unternehmensinterne Aspekte fokussiert ist und somit eine nach außen geöffnete Perspektive ermöglicht. Die zentralen Analysedimensionen bilden dabei das Leistungspotenzial, der Leistungserstellungsprozess und das Leistungsergebnis (Engelhardt et al. 1993; Kleinaltenkamp 1997; Kleinaltenkamp et al. 2009; Freiling und Reckenfelderbäumer 2010):

- Das Leistungspotenzial rekrutiert sich aus den verfügbaren Ressourcen des Anbieters, die sich aus Potenzial- und Verbrauchsfaktoren, sowie aus Vorkombinationen derselben zusammensetzen. Außerdem umfasst es externe Faktoren und

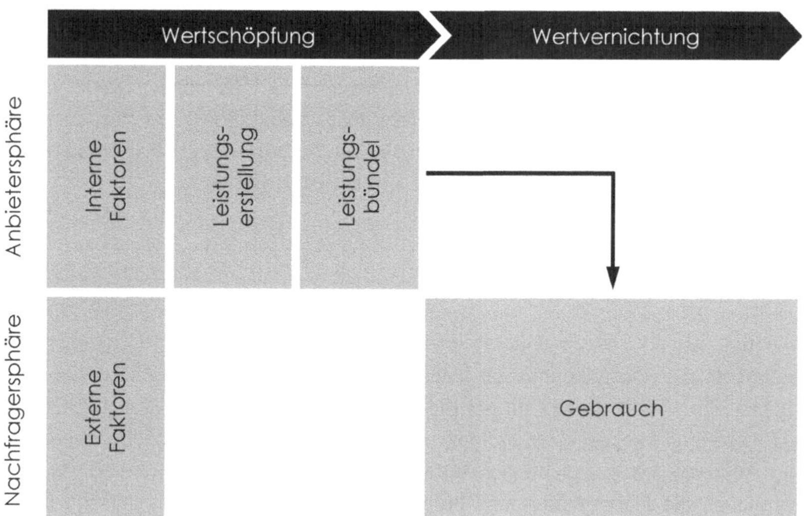

Abb. 2.2 Grundlegende produktionstheoretische Annahmen

damit Entitäten, die der Sphäre des Nachfragers zuzuordnen sind. Laut Freiling und Reckenfelderbäumer (2010) können externe Faktoren grundsätzlich aus Informationen, Objekten und dem Nachfrager selbst bestehen. Kleinaltenkamp (1996) nennt den Nachfrager selbst, Mitarbeiter des Nachfragers, sachliche Objekte, Rechte, Nominalgüter, Information, Tiere und Pflanzen. Das Leistungspotenzial bildet die Voraussetzung zur Leistungserstellung.

- Der Leistungserstellungsprozess ist die durch Aktivierung ausgelöste Tätigkeit, in deren Rahmen externe Faktoren integriert und gemeinsam mit internen Faktoren kombiniert werden. Die Integrationsintensität und -tiefe in den Leistungserstellungsprozess wird hierbei als Integrativität bezeichnet.

- Das Resultat des Leistungserstellungsprozesses ist das Leistungsergebnis, das ein Bündel aus potenziell nutzenstiftenden Eigenschaften darstellt. Die Leistungslehre betont, dass sich Leistungsbündel obligatorisch aus immateriellen und fakultativ aus materiellen Komponenten zusammensetzen.

Die erläuterten Dimensionen, einschließlich der als zentral zu betrachtenden Faktorintegration, finden sich zusammenfassend in Abb. 2.3.

Zur Erschließung der Tiefenstrukturen des interessierenden Phänomens mithilfe der Leistungslehre ist zunächst festzustellen, dass jede Leistung (unabhängig von ihrer intuitiven Zuordnung zur Sphäre des Sachguts oder des Service) als Er-

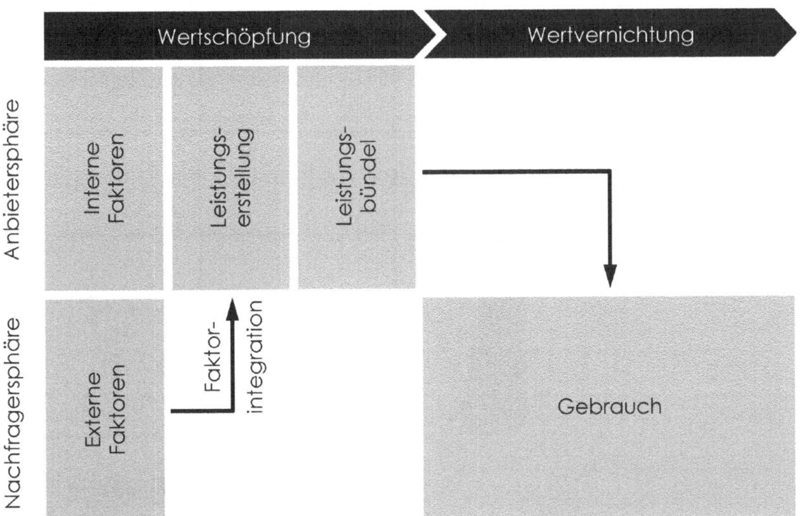

Abb. 2.3 Grundlegende Logik der Leistungslehre

gebnis einer mehr oder weniger integrativen Faktorkombination verstanden werden kann und sich aus einem Bündel potenziell nutzenstiftender Eigenschaften zusammensetzt, die mehr oder weniger immateriell sind (Engelhardt et al. 1993). Zur Verdeutlichung dieser Behauptungen eignet sich die Integrativitäts-Immaterialitäts-Typologie, die für den Leser in Abb. 2.4 grafisch aufbereitet wurde. Mit ihrer Hilfe sind beliebige marktlich erwerbbare Leistungen in einem zweidimensionalen Raum verortbar, wobei auf der vertikalen Achse der mehr oder weniger integrative Leistungserstellungsprozess und auf der horizontalen Achse das mehr oder weniger immaterielle Leistungsergebnis abgebildet werden (Freiling und Reckenfelderbäumer 2010). Die Dimensionen sind kontinuierlich skaliert und zwingend durch ein Mindestmaß an Integrativität (Integrativitätssockel) und Immaterialität (Immaterialitätssockel) gekennzeichnet (Engelhardt et al. 1993). Beide Sockel sind insofern obligatorisch, da zumindest im Rahmen des Verkaufsprozesses eine Integration des externen Faktors unvermeidbar ist und marktfähige Leistungen immer Informationen beinhalten, also immer auch immaterielle Komponenten umfassen (Freiling und Reckenfelderbäumer 2010). Beachtet werden muss, dass sich auch ein höchst integrativer Leistungserstellungsprozess nicht ausschließlich aus externen Faktoren speist. Vielmehr sind zumindest diejenigen internen Potenzialfaktoren notwendig, die anbieterseitige Kompetenzen zur Durchführung und Koordination der Faktorkombination darstellen.

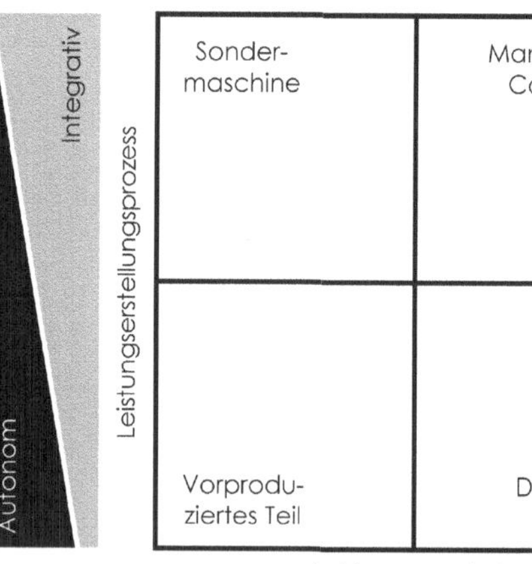

Abb. 2.4 Integrativitäts-Immaterialitäts-Typologie. (Engelhardt et al. 1993, S. 417)

Folgt man der entfalteten Logik, dann zeigt sich, dass eine trennscharfe Abgrenzung der Termini Sachgut und Service weder sinnvoll, noch möglich ist: Jedwede Leistung lässt sich anhand der stetig skalierten Dimensionen Integrativität und Immaterialität beschreiben, weswegen Spaltungsversuche notwendigerweise in einer falschen Dichotomie münden (Engelhardt et al. 1993). Der Begriff Service hat somit lediglich einen vorwissenschaftlich unpräzisen Charakter (Haase 2005), der allerdings im alltäglichen und unternehmerischen Sprachgebrauch stark verankert ist. Er kann aus rein pragmatischen Gründen zur Kennzeichnung einer Leistung verwendet werden, bei der Integrativität und Immaterialität in signifikanter Weise ausgeprägt sind: So verstandener Service ist „durch die Integration externer Faktoren in den Leistungserstellungsprozess (Kundenintegration, Integrativität) sowie einen hohen Grad an Immaterialität der Leistungsergebnisse gekennzeichnet" (Reckenfelderbäumer 2009, S. 216).

Die Leistungslehre wird in Teilen der Literatur scharf kritisiert, da die Vermarktung von Services spezifische Probleme aufweise und daher die Existenz einer eigenständigen Teildisziplin innerhalb der Betriebswirtschaftslehre rechtfertige, ansonsten sei ein Erkenntnisverlust zu befürchten (exemplarisch Rösner 1998; Möller 2008; Homburg 2015). Zwar kann diesen Behauptungen entgegnet werden, dass

- die aus den IHIP-Kriterien destillierbaren Vermarktungsprobleme bestenfalls spezielle Aspekte des Servicephänomens erfassen,
- ein dichotomes Begriffsverständnis mit der Gefahr der Entwicklung dichotomer Vermarktungskonzepte einhergeht und
- die am Markt verfügbaren Leistungen regelmäßig nicht der idealtypischen Vorstellung hoher (minimaler) Integrativität und hoher (minimaler) Immaterialität entsprechen.

Laut Kleinaltenkamp (1997, S. 108) sollte daher die Leistungslehre „den realen Verhältnissen in den meisten heutigen Unternehmen besser gerecht [werden]". Daraus sollte aber nicht abgeleitet werden, dass einzelne Tiefenstrukturen nicht doch fundamental divergieren können. Außerdem ist die implizierte Hypothese (je höher die Integration externer Faktoren in den Leistungserstellungsprozess des Anbieters, desto ausgeprägter der Servicecharakter) zumindest auf einer intuitiven Ebene fraglich, da bspw. die Auslagerung autonomer Prozesse an Kunden schwerlich als ein mehr an Service interpretiert werden kann (vgl. hierzu vertiefend Punkt 3.1). Die vorgetragenen Anmerkungen erscheinen insofern beachtenswert, da die Leistungslehre den relevanten Problembereich vornehmlich aus der Perspektive des Anbieters analysiert (Haase 2008). Die zentrale Vokabel der Integrativität wird regelmäßig mit dem Begriff der Kundenintegration gleichgesetzt, der die Beteiligung des Nachfragers an der Leistungserstellung beschreibt (Büttgen 2008), wobei die koordinierenden Aktivitäten der Integration typischerweise dem Anbieter zugeschrieben werden und damit eine Managementaufgabe desselben darstellen (Haase 2008). Freiling und Reckenfelderbäumer (2010, S. 216) räumen zwar ein, dass sich die „Integrativitätsdiskussion auch auf den Eingriff des Anbieters in den Verfügungsbereich des Nachfragers beziehen lässt". Dies ist allerdings kaum mit den produktionstheoretisch inspirierten Basisannahmen der Leistungslehre in Einklang zu bringen, wonach der Wert einer Leistung im Zuge der anbieterseitig gelenkten Faktorkombination entsteht. Diese Vorstellung umschreibt Engelhardt (1966, S. 161) bereits vor über einem halben Jahrhundert expressis verbis: „Die Wertdifferenz, die bei Verkäufen mit Gewinn entsteht, muß auf den gesamten Leistungserstellungsprozeß zurückgeführt werden".

2.3 Service-Dominant Logic

Die von Vargo und Lusch entwickelte Service-Dominant Logic (S-D Logic) ist eine evolutionär angelegte und akademisch geprägte Denkrichtung, die als alternative Perspektive zur Beschreibung und Analyse marktlicher Austauschprozesse fungiert, weswegen sie einen Geltungsbereich beansprucht, der deutlich über die definitorische Bestimmung der Begriffe Sachgut und Service hinausgeht; die Abgrenzungsproblematik aber dennoch umschließt (Lusch et al. 2008; Maglio et al. 2009; Gummesson et al. 2010). Die Verfechter des Konzepts betonen zwar, dass sich die S-D Logic in einer frühen Entwicklungsphase befindet und daher noch nicht den Status einer ausgereiften Theorie erreichen kann (Spohrer 2008; Lusch und Vargo 2011). Vargo et al. (2010b) sprechen ihr dennoch bereits in der Gegenwart paradigmatische Züge, zumindest deren grundsätzliche Eignung als Paradigma zu. Vargo und Lusch haben ihre zentralen Gedanken in der 2004 erschienenen Initialpublikation „Evolving to a New Dominant Logic for Marketing" zur Diskussion gestellt und im Zuge der Konzeptevolution mehrmals überarbeitet bzw. ausgeweitet. Diese als Foundational Premises (FP) bezeichneten Behauptungen findet der Leser in Tab. 2.2, die ergänzend einige – als Verständnishilfe konzipierte – Anmerkungen beinhaltet.

Die S-D Logic basiert auf einer prozesszentrierten Marktperspektive (Vargo et al. 2010b), wonach jedweder ökonomische Austausch auf die Generierung von Wert zielt: „The creation of value is the core purpose and central process of economic exchange" (Vargo et al. 2008, S. 145). Gemäß den Gedankenmustern der S-D Logic schöpfen Anbieter während des Leistungserstellungsprozesses keinen Wert,

Tab. 2.2 Kernthesen der S-D Logic (Vargo/Lusch 2008b; Drengner 2012)

Foundational Premises 2008		Anmerkung
FP01	Service ist die fundamentale Basis des marktlich arrangierten Austauschs	Die Anwendung von Kompetenzen ist die Grundlage marktlicher Austauschprozesse
FP02	Indirekte Formen des Austauschs überdecken die fundamentale Basis des marktlichen Austauschs	Prinzipiell wird immer die Anwendung von Kompetenzen getauscht. Dies wird aber oftmals durch Intermediäre wie Sachgüter oder Geld überdeckt
FP03	Sachgüter sind Distributionsvehikel zur Bereitstellung von Service	Sachgüter stiften nur dann Wert, wenn sie angewendet werden. Hierfür sind entsprechende Kompetenzen notwendig
FP04	Operante Ressourcen sind die grundlegende Quelle des Wettbewerbsvorteils	Nur operante Ressourcen (Wissen und Fähigkeiten) ermöglichen die nachfragerseitig zu verortende Generierung von Wert
FP05	Alle Volkswirtschaften sind Serviceökonomien	Service ist das zentrale konstitutive Element für jede Volkswirtschaft
FP06	Der Kunde ist immer an der Generierung von Wert beteiligt	Wert entsteht durch Gebrauch einer Ressource. Der Verwender ist daher zwingend an der Generierung von Wert beteiligt
FP07	Unternehmen können keinen Wert liefern und daher nur Wertversprechen anbieten.	Ressourcen sind nicht wertbeladene Outputeinheiten. Vielmehr stellen sie Inputs für den kundenseitig zu verortenden Wertgenerierungsprozess dar.
FP08	Eine servicezentrierte Perspektive ist natürlicherweise kunden- und beziehungsorientiert	Wert entsteht kundenseitig durch Integration und Anwendung von Ressourcen des Anbieters (Value Co-Creation). Die servicezentrierte Perspektive ist somit zwingend kunden- und beziehungsorientiert
FP09	Alle sozialen und ökonomischen Akteure sind Ressourcenintegratoren	Alle Akteure integrieren Ressourcen mit dem Ziel der Wertgenerierung
FP10	Wert wird immer individuell und phänomenologisch vom Begünstigten determiniert	Wert ist eine subjektive Zuschreibung von Seiten des Verwenders und keine objektive Größe

sie können den Nachfragern daher nur Wertversprechen anbieten [FP07]. Wert entsteht ausschließlich in der Sphäre des Nachfragers [FP10] und zwar durch Integration von Ressourcen [FP09], die im Zuge eines kollaborativen Prozesses (Value Co-Creation) angewendet werden [FP06]. Service ist der Prozess der Anwendung spezifischer Kompetenzen eines Anbieters für Begünstigte (in der Regel Nachfrager) und im Rahmen der S-D Logic definiert als „the application of competences (knowledge and skills) for the benefit of another party" (Vargo und Lusch 2008a, S. 256). Er ist daher von Natur aus nachfrageorientiert und relational [FP08]. Sachgüter (goods) werden als Resultate der Anwendung spezifischer Kompetenzen betrachtet (Lusch und Vargo 2012b), die wiederum als Distributionsvehikel für Service [FP03] dienen. Sie sind im Sprachgebrauch der S-D Logic operante Ressourcen und müssen angewendet werden, um Wert zu erzeugen. Die den Service kennzeichnenden operanten Ressourcen (Wissen und Fähigkeiten) sind hingegen in der Lage, andere Ressourcen anzuwenden und ermöglichen somit die Wertgenerierung (Lusch et al. 2008), was sie für Anbieter zur zentralen Quelle des Wettbewerbsvorteils macht [FP04] und zum konstituierenden Merkmal des marktlichen Austauschs [FP05]. Service ist der zentrale Bezugspunkt marktlicher Prozesse; letztendlich wird immer Service für Service getauscht [FP01], auch wenn dies oft nicht unmittelbar ersichtlich ist, da sich Austauschprozesse innerhalb komplexer Strukturen vollziehen und durch Intermediäre (wie Geld oder Sachgüter) verdeckt werden können [FP02].

Die Herleitung der oben skizzierten und für die S-D Logic essenziellen Überlegungen basiert im Wesentlichen auf folgenden Ankerpunkten (Lusch et al. 2008; Vargo et al. 2008):

- Fokussierung auf den Gebrauchswert und damit einhergehend die Verwendung des Wertgenerierungsprozesses als Bezugspunkt zur Analyse des marktlichen Austauschs.
- Service als Prozess der Anwendung operanter Ressourcen.
- Servicesysteme als Konfiguration ökonomisch motivierter und kollaborativer Austauschprozesse zwischen Anbietern und Nachfragern.

Wenn ökonomischer Austausch zwischen Marktakteuren stattfindet, um Wert zu generieren, dann muss zunächst diese Zielgröße hinreichend bestimmt werden. Die Verfechter der S-D Logic beginnen ihre Konkretisierung bei den korrespondierenden Überlegungen von Adam Smith, der den Wertbegriff in zweifacher Weise belegt: „Man sollte bedenken, daß das Wort Wert zwei voneinander abweichende Bedeutungen hat. Es drückt manchmal die Nützlichkeit einer Sache aus, manchmal die Fähigkeit, mithilfe eines solchen Gegenstandes andere Güter im Tausch zu erwerben, eine Fähigkeit die sein Besitz verleiht. Den einen kann man »Gebrauchswert«, den anderen »Tauschwert« nennen" (Smith 1974, S. 27). Vargo und Morgan (2005) arbeiten mithilfe zentraler historischer Schriften heraus, dass Smith durchaus die Bedeutung des Gebrauchswerts (Value-in-Use) für ökonomische Austauschprozesse würdigte, auf Grundlage seines spezifischen Erkenntnisinteresses aber den Tauschwert (Value-in-Exchange) als Bezugspunkt wählte, was bis in die Gegenwart den theoretischen Analyserahmen der Ökonomie beeinflusst. Dieser Bezugspunkt erscheint allerdings unbefriedigend, da der Tauschwert lediglich Ausdruck der erwarteten Nützlichkeit einer Leistung ist und damit eine mutmaßlich abhängige Variable des Gebrauchswerts darstellt. Die Verfechter der S-D Logic postulieren folgerichtig das Primat des Gebrauchswerts, wobei sich eine exakte Definition desselben als schwierig erweist und regelmäßig mit einer Verbesserung bestimmter Attribute des Nachfragers beschrieben wird:

- Für Grönroos (2008) ist Wert entstanden, wenn der Nachfrager besser gestellt ist oder sich besser fühlt.
- Vargo et al. (2008) verstehen Wertgenerierung als eine Verbesserung des Wohlbefindens des Nachfragers.

Losgelöst von der mangelnden definitorischen Präzision bleibt festzuhalten, dass der Begriff Wert im Rahmen der S-D Logic auf den Gebrauchswert verweist, weswegen Vargo und Lusch (2004) zu dem Ergebnis kommen, dass Wert nicht während des Erstellungsprozesses in Leistungen eingebettet werden kann. Vielmehr entfaltet er sich in der Sphäre des Nachfragers und zwar dann, wenn sich eine Leistung im Zuge ihrer Anwendung als nützlich erweist (Vargo et al. 2010a). Die vorgetragenen Überlegung können beispielhaft verdeutlicht werden: „The value of a washing machine, wood pallet, cosmetic or computer can never be in its production, distribution or marketing, but only in its use. That is, if no one uses a computer or applies cosmetics, there is no benefit, no value created" (Lusch und Vargo 2012a, S. 30). Folgt man dieser Logik, dann sind marktfähige Leistungen keine wertbeladenen Outputeinheiten, sondern lediglich Ressourcen zur Wertgenerierung: „[What] firms provide should not be understood in terms of outputs with value, but rather as resource inputs for a continuing value-creation process" (Lusch et al. 2008, S. 6).

Es kann festgehalten werden, dass sich Wert im Zuge der Anwendung derjenigen Ressourcen entfaltet, die sich entweder bereits im Verfügungsbereich des Ressourcenanwenders befinden oder durch Integration von Ressourcen eines Anbieters. Der zweite Fall ist konstituierend für den marktlichen Austausch: Der Ressourcenintegrator wird zum Nachfrager, der dann gemeinsam mit dem Ressourcenanbieter Wert generiert (Value Co-Creation), wenn beide die integrierten Ressourcen im Zuge eines kollaborativen Prozesses anwenden (Lusch und Vargo 2012a). Eine grafische Darstellung dieser Aspekte findet sich in Abb. 2.5.

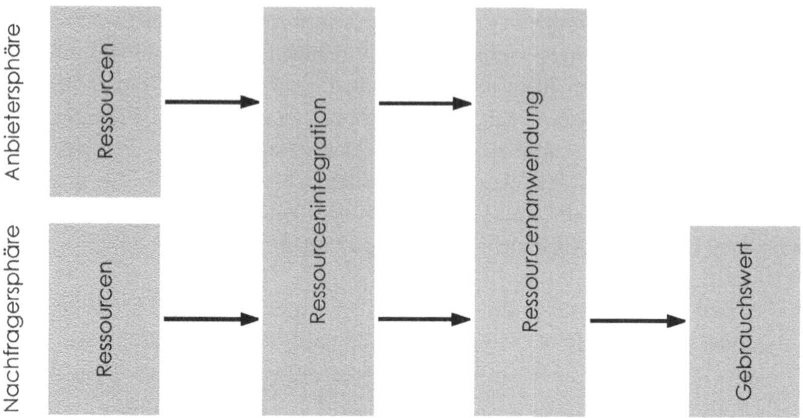

Abb. 2.5 Wertgenerierung (in Anlehnung an Hughes et al. 2013, S. 5)

Die zur Wertgenerierung unabdingbaren Ressourcen können laut Constantin und Lusch entweder einen statischen oder einen dynamischen Charakter aufweisen (Constantin und Lusch 1994):

- Operante Ressourcen sind statisch und meist materiell. An ihnen müssen Handlungen durchgeführt werden, um Wert zu erzeugen.
- Die dynamischen und meist immateriellen operanten Ressourcen (Wissen und Fähigkeiten) sind notwendig um Handlungen an anderen Ressourcen vorzunehmen.

Operante Ressourcen sind zur Wertgenerierung obligatorisch, da Wert nur durch Ressourcenanwendung entsteht und die notwendigen Fähigkeiten zur Anwendung von Ressourcen wiederum operante Ressourcen darstellen (Vargo und Lusch 2006; Vargo und Lusch 2008c; Vargo und Lusch 2011). Service im Sinne der S-D Logic findet dann statt, wenn mindestens ein Ressourcenanbieter operante Ressourcen für mindestens einen Ressourcennachfrager anwendet und der nachfragende Akteur die angewendete Ressource in seinen individuell konstruierten Wertgenerierungsprozess integriert: Service „involves at least two entities, one applying competence and another integrating the applied competences with other resources (value-cocreation) and determining benefit" (Maglio et al. 2009, S. 399). Eine vertiefende Analyse operanter Ressourcen liefern Madhavaram und Hunt (2008) mithilfe eines Schichtenmodells, wobei sie zwischen 1) grundlegenden, 2) zusammengesetzten und 3) vernetzen Ressourcen unterscheiden. Grundlegende Ressourcen sind unabhängig von anderen Ressourcen, zusammengesetzte Ressourcen sind

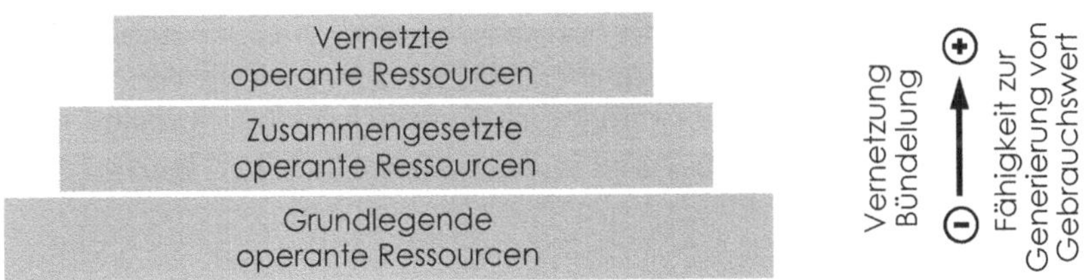

Abb. 2.6 Operante Ressourcen (in Anlehnung an Madhavaram/Hunt 2008, S. 70)

gebündelte Ressourcen und vernetzte Ressourcen sind Ressourcenbündel, die in hohem Maß voneinander abhängig sind (Beitelspacher et al. 2012). Die Fähigkeit zur Wertgenerierung erhöht sich laut Madhavaram und Hunt (2008) mit zunehmender Bündelung und Vernetzung, da die Ressourcen ein höheres gegenseitiges Beeinflussungsniveau erreichen und Synergieeffekte freigesetzt werden können (vgl. hierzu ergänzend Abb. 2.6).

Zur Beschreibung marktlich organisierter Austauschprozesse greift die S-D Logic auf systemtheoretische Überlegungen zurück. Wesentliche Beiträge zur Übertragung der ursprünglich von Bertalanffy entwickelten Systemtheorie lieferte Ullrich bereits in der zweiten Hälfte des letzten Jahrhunderts. Er definiert ein System als „eine geordnete Gesamtheit von Elementen, zwischen denen irgendwelche Beziehungen bestehen oder hergestellt werden können" (Ullrich 1970, S. 105). Ein Servicesystem ist eine Konfiguration von Ressourcen, die aus Personen, Organisationsstrukturen, Informationen und Technologien hervorgehen und nach innen und außen miteinander verbunden sind (Spohrer et al. 2007). Solche Systeme sind nach Vargo und Lusch (2011, S. 185) lose gekoppelte Strukturen, die räumlich und temporär begrenzt angelegt sind und durch Wertversprechen verbundene, vielschichtig interagierende Akteure umfassen: Ein Servicesystem ist somit eine „spontaneously sensing and responding spatial and temporal structure of largely loosely coupled, value-proposing social and economic actors interacting through institutions, technology, and language to 1) co-produce service offerings, 2) engage in mutual service provision, and 3) co-create value." Ökonomischer Austausch vollzieht sich zwischen mindestens zwei interagierenden Servicesystemen durch gegenseitige Anwendung und Integration von Ressourcen, mit dem beidseitigen Ziel der Wertgenerierung (Maglio et al. 2009; Vargo und Lusch 2010; Wieland et al. 2012). Aus Sicht der S-D Logic tauschen solche Servicesysteme letztendlich immer Service-für-Service aus, wobei dieser Austausch aufgrund der Komplexität der Systemstrukturen meist indirekt durch Intermediäre wie Sachgüter oder Geld erfolgt (Vargo und Akaka 2009). Vargo (2009, S. 374 f.) erläutert diese Vorstellung folgendermaßen: „[The] customer is integrating resources [...] from various sources to create his own resources (e.g. knowledge and skills), the application of which can be exchanged in the market [...] Because the firm likely does not need the specific service of the customer, the customer exchanges those applied skills elsewhere and is given money (rights for future service), which can then be used to obtain the service of the firm."

Selbstredend dienen die erörterten Paradigmen zur Charakterisierung des Service-Phänomens (Kleinaltenkamp et al. 2009). Zumindest die Leistungslehre und die S-D Logic umschließen aber auch Aussagen über Austauschprozesse und Marktpartnerrelationen, deren Interpretation dann wertvolle Gestaltungshinweise liefert, wenn das anbieterseitige Management die Differenzierungs- und Alleinstellungspotenziale einer beziehungsorientiert-servicezentrierten Vermarktung möglichst konsequent ausschöpfen möchte, um so eine herausragende Wettbewerbsposition zu erlangen und zu verteidigen. Zwar basieren nach wie vor zahlreiche Service-Vermarktungskonzepte auf Deutungen der IHIP-Merkmale. Es muss allerdings konstatiert werden, dass diese konservative Weltsicht lediglich auf die Reduktion oder Verschleierung scheinbar pathologischer Eigenschaften des Servicephänomens zielt. Die Entwicklung einer innovativ servicezentrierten Vermarktungsphilosophie ist daher schwerlich mithilfe des IHIP-Paradigmas möglich. Aus der Leistungslehre sind hingegen gehaltvolle Empfehlungen zur Philosophieformulierung, zur Strategiefindung und zum Instrumenteneinsatz destillierbar. Im Besonderen die Gestaltung einer anbieter- und nachfragerseitig adäquaten Integrativität kann insofern impulsgebend sein, da die Einbindung des Kunden in die Prozesse des Anbieters mutmaßlich mit einer Stärkung des Bedürfnisbefriedigungspotenzials der Leistungsergebnisse und mit höherer Kundenzufriedenheit einhergeht. Die ebenfalls bereits erörterte S-D Logic ist ein vielschichtiges Rahmenkonzept, das – im Gegensatz zur Leistungslehre – an zentralen Stellen mit der faktisch immer noch dominierenden produktionswirtschaftlichen Weltsicht bricht. Es kann daher gemutmaßt werden, dass die Implementierung einer an die S-D Logic angelehnten Vermarktungsphilosophie von ausgeprägten Veränderungswiderständen begleitet

© Springer Fachmedien Wiesbaden 2015   19
C. Arnold, *Serviceparadigmen und Implikationen für die Vermarktung,* essentials,
DOI 10.1007/978-3-658-09621-2_3

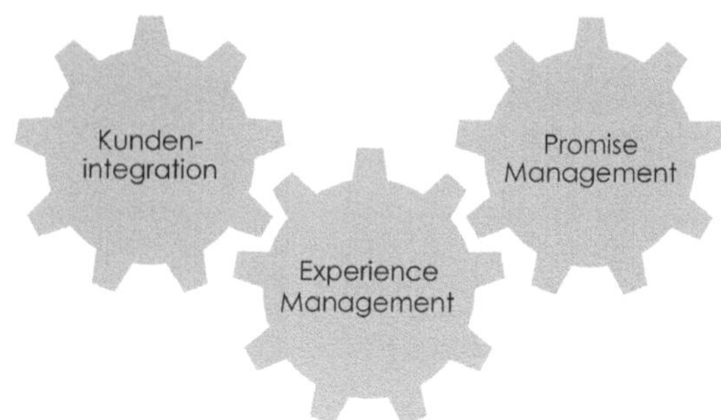

Abb. 3.1 Innovative Konzepte der Servicevermarktung

wird und sich somit als herausfordernd erweisen sollte. Allerdings versprechen eine S-D Logic konforme Philosophie, korrespondierende Strategien und konsequent abgeleitete Instrumente substanzielle Abgrenzungspotenziale und damit Wettbewerbsvorteile. Gegenwärtig finden sich zumindest zwei beachtliche und daher zu erläuternde Konzepte, die weitgehend mit den Gedankenmustern der S-D kompatibel sind und praxisrelevante Leitideen beinhalten. Sowohl das (Customer) Experience Management, als auch das Promise Management sind als nachfrager- und gebrauchswertfokussierte Ansätze konzipiert, aber dennoch eng mit der stärker anbieterseitig ausgerichteten Kundenintegration verzahnt (vgl. Abb. 3.1).

In den folgenden Abschnitten findet der Leser einführende Erläuterungen der grundlegenden Aspekte des Kundenintegrationsmanagements, des Experience Managements und des Promise Managements.

3.1 Kundenintegrationsmanagement

Zwar ist die Integration externer Faktoren in den anbieterseitig koordinierten Leistungserstellungsprozess als Kernelement der Leistungslehre konzipiert (Kleinaltenkamp 1997; Kleinaltenkamp et al. 2009). Dies bedeutet aber nicht, dass der Kunde nur in die sich vollziehende Produktion eingebunden werden kann; vielmehr können integrative Prozesse „grundsätzlich in allen Funktionsbereichen [des Anbieters] und an allen Stellen der betrieblichen Wertschöpfungskette anfallen" (Engelhardt et al. 1993, S. 412). Bruhn und Stauss (2009, S. 6) definieren daher das Management der Kundenintegration als „systematische Analyse, Planung, Durchführung und Kontrolle der aktiven Teilnahme von Kunden an unternehmerischen Prozessen". Da sich leicht Prozesse identifizieren lassen, die ohne Kundenbeteiligung nicht durchführbar sind, ist zu bedenken, dass Kundenintegration keinesfalls eine fakultative Managementaufgabe darstellen kann. Exemplarisch sei in diesem

Zusammenhang auf die typischen Kundenschnittstellenfunktionen Vertrieb, Kundendienst, Beschwerdemanagement und Debitorenbuchhaltung verwiesen.

Bereits eine rudimentäre Literatursichtung offenbart zahlreiche Beiträge zu den mannigfaltigen Strategien und Instrumenten des Kundenintegrationsmanagements. Einen hilfreichen Überblick liefern Bruhn und Stauss (2009), auf den der Leser diesbezüglich verwiesen sei. Als mutmaßlich impulsgebende und daher zu erläuternde Facette gilt Crowdsourcing, das als Auslagerung anbieterseitiger Prozesse an eine nicht näher definierte Personengruppe zu verstehen ist (Howe 2008). Weder Crowdsourcing, noch Kundenintegration sind allerdings nur als Element des jeweils anderen Ansatzes interpretierbar. Vielmehr handelt es sich um Managementkonzepte, die dann eine beachtliche Schnittmenge aufweisen, wenn Kundenintegration auf auszulagernde Prozesse und Crowdsourcing auf die Auslagerung von Prozessen an diejenigen Akteure restringiert ist, die Kunden des auslagernden Unternehmens darstellen. Wichtige Teile dieser Schnittmenge sind der Open Innovation- und der Co-Worker-Ansatz.

Open Innovation ist eine Ausprägung des Innovationsmanagements und umfasst die Integration zahlreicher externer Quellen (Herzog 2011), insbesondere aber die systematische Öffnung des Innovationsprozesses für Anregungen der Kunden, bspw. mithilfe von Ideenwettbewerben (Schweitzer et al. 2012). Es finden sich zahlreiche Praxisanwendungen und wissenschaftliche Untersuchungen, die Open Innovation aus unterschiedlichsten Perspektiven beschreiben, analysieren und bewerten. Eine umfassende Würdigung würde den Rahmen der vorliegenden Ausarbeitung weit überschreiten, weswegen exemplarisch auf Chesbrough (2003) und Pénin et al. (2011) verwiesen sei. Der Terminus Co-Worker (teilweise auch Parital Employee oder zumindest überschneidend Co-Producer) bezeichnet grundsätzlich die Auslagerung von anbieterseitig durchgeführten Teilaufgaben an Kunden (Bruhn und Stauss 2009). Im Gegensatz zu Open Innovation steht hierbei allerdings weniger die anbieterseitige Nutzbarmachung kreativer Kundenkompetenzen im Zentrum des Interesses. Vielmehr wird in der Regel beabsichtigt, interne Ressourcen durch möglichst kostengünstige, idealerweise kostenfreie externe Ressourcen zu substituierenden (Kleemann et al. 2009). Zwar ist der Einsatz von Kunden als Co-Worker ein durchaus regelmäßig anzutreffendes Phänomen, das mit hoher Wahrscheinlichkeit noch weiter an Bedeutung gewinnen wird, da das kontinuierliche „Streben nach Kostenreduktion auf Seiten der Anbieter bewirkt, dass immer mehr Leistungselemente auf den Prüfstand der Externalisierung gestellt werden" (Büttgen 2009, S. 65). Trotzdem oder gerade deswegen darf der Co-Worker-Ansatz nicht kritikfrei bleiben. Schließlich ist die Gefahr nicht intendierter Effekte offensichtlich dann immanent, wenn die Auslagerungsentscheidung primär auf innenorientierten Kriterien beruht. Voss und Rieder (2005, S. 10) stellen diesbezüglich zu Recht fest, dass Nachfrager „immer häufiger (nicht immer freiwillig und oft ohne finanzielle Kompensation) Arbeiten übernehmen, die bisher von den Betrieben geleistet wurden. Weitgehend unbemerkt werden Kunden damit quasi zu unbezahlten Arbeitskräften der Unternehmen." Anzumerken ist allerdings, dass marktorientiert agierende Anbieter keine Prozesse auslagern werden, deren Durchführung diejenigen anbieterseitigen Kompetenzen erfordern, die aus Kundensicht mit bedeutenden Wertgenerierungspotenzialen einhergehen. Vielmehr handelt es sich mit hoher Wahrscheinlichkeit um Prozesse, bei denen der Kunde den Kompetenzeinsatz des Anbieters nicht als zwingend oder gar als unnötig erachtet. Der Co-Worker-Ansatz kann daher sehr wohl zumindest dann in beidseitigem Interesse sein, wenn erstens die Kundenperspektive vor der Auslagerungsentscheidung adäquat analysiert und berücksichtigt wird und zweitens eine preisliche Kompensation erfolgt.

Zweifelsohne ist es möglich, dass die diskutierten Facetten der Kundenintegration sowohl mit Effektivitäts- als auch mit Effizienzvorteilen einhergehen. Im Rahmen des Kundenintegrationsmanagements ist allerdings bedeutsam, dass anbieterseitige, kundenseitige und relationale Barrieren auftreten können (Reckenfelderbäumer und Busse 2006):

- Die Bereitschaft der Mitarbeiter des Anbieters ist möglicherweise nicht in ausreichendem Maß vorhanden oder es existiert eine Ablehnungshaltung gegenüber unternehmensexternen Einflüssen (Not-Invented-Here-Effekt). Außerdem ist es möglich, dass das tatsächlich erreichte Maß an Kundenintegration vom Management des Anbieters falsch eingeschätzt wird. Die korrespondierenden Perzeptionen sind daher kontinuierlich zu hinterfragen und ggf. Anpassungen – bspw. mithilfe geeigneter Kulturveränderungsaktivitäten – vorzunehmen.
- Der Kunde muss sowohl über die Bereitschaft, als auch über die Fähigkeit zur Integration verfügen. Die Bereitschaft zur aktiven Teilnahme an anbieterseitig koordinierten Prozessen hängt laut Büttgen (2009) von einem komplexen motivationalen Beziehungsgefüge ab, das gemeinsam mit dem perzipierten Beteiligungsaufwand und der perzipierten Mitverantwortlichkeit determiniert, ob und inwieweit der Kunde für den Anbieter eingesetzt werden kann. Bedeutsam ist darüber hinaus, dass kundenseitig eingebrachte Innovationen dann tendenziell einen geringeren Neuheitsgrad aufweisen, wenn die Innovierenden dazu neigen, an ihren Verwendungsgewohnheiten festhalten.
- Auf der relationalen Ebene können Kommunikationsbarrieren zwischen Anbieter und Nachfrager zu Missverständnissen führen und mit nicht intendierten Effekten einhergehen. Außerdem ist der Eingriff des Kunden in innerbetriebliche Abläufe möglicherweise dann mit Störungen verbunden, wenn das Kundenintegrationsmanagement keine oder inadäquate Strukturen und Systeme zur Verfügung stellt.

Festzuhalten bleibt: Der Pragmatiker kann der Leistungslehre entnehmen, dass Integrativität und Serviceintensität positiv korrelieren. Folglich zielt eine ausbalanciert servicegestützte Vermarktungsstrategie auf eine anbieter- und nachfrageradäquat ausgestaltete Integration des Kunden. Aus der Perspektive des Theoretikers ist allerdings zu konstatieren, dass die pragmatische Interpretation zumindest dann einen Logikkonflikt impliziert, wenn Auslagerungsentscheidungen zu analysieren sind: Zwar gehen die erörterten Ansätze allesamt mit einem höheren Maß an Integrativität einher und implizieren somit ein höheres Maß Service. Gleichzeitig kann die Auslagerung von anbieterseitigen Prozessen an Kunden als Reduktion der Serviceintensität aufgefasst werden.

3.2 Experience Management

Die regelmäßig diagnostizierte Annäherung des Bedürfnisbefriedigungspotenzials konkurrierender Absatzobjekte (Zanger 2007; Voeth und Herbst 2010) hat zur Folge, dass Anbieter die Suche nach Differenzierungsmöglichkeiten außerhalb ingenieurmäßig gestalteter Produkteigenschaften forcieren und nachfragerzentrierte Ansätze zunehmend in den Vordergrund des Interesses rücken. Hervorzuheben ist das (Customer) Experience Management, dem seit einigen Jahren sowohl von Seiten der Theorie, als auch von Seiten der Praxis erhöhte Aufmerksamkeit zukommt. Eine konkrete Charakterisierung des Begriffs Experience ist allerdings insofern problematisch, da ihm sowohl ein kognitiver als auch ein affektiver Bedeutungsinhalt zugeordnet werden kann. Im erstgenannten Fall verweist Experience auf Erfahrung (Wissen und Expertise nach einem Ereignis). Die zweite Dimension ist hingegen als Erlebnis (Prozess des Durchlebens eines Ereignisses) zu charakterisieren (Palmer 2010). *Experience Management ist somit als gestalten, entwickeln und lenken anbieterseitiger Kompetenzen zu verstehen, deren Anwendung nachfragerseitige Kompetenzlücken schließt (Erfahrungsmanagement) oder auf die Generierung von nachfragerseitig perzipierten Erlebniswelten (Erlebnismanagement) zielt.*

Zwar findet sich keine als etabliert anzusehende Definition des Erlebnisphänomens, Gentile et al. (2007) destillieren aber folgende Facetten aus der als relevant erachteten Literatur:

- Die sensorische Komponente ist geeignet positive Gefühlswelten, Erregung und Befriedigung zu entfalten, indem die Sinne (sehen, hören, berühren, riechen und schmecken) des Begünstigten durch geeignete Artefakte inspiriert werden.
- Artefakte, die das Denken des Kunden ansprechen und bewusste Prozesse auslösen, konstituieren die kognitive Komponente des Phänomens. Solche Arte-

fakte können beispielsweise die Kreativität oder das Problemlösungsverhalten stimulieren.

- Die emotionale Komponente umfasst leistungs- respektive anbieterspezifische gefühls- und stimmungsbetonte Artefakte.
- Die praktische Ausführung einer Tätigkeit wird als pragmatische Komponente verstanden und beinhaltet die Benutzerfreundlichkeit eines Artefakts über den gesamten Nutzungszeitraum hinweg.
- Artefakte, die zur Bestätigung der Werte und Meinungen der Kunden dienen, werden in der Lifestyle Komponente zusammengefasst.
- Die Interaktion mit dem relevanten sozialen Kontext wird als relationale Komponente bezeichnet.

Beachtlich ist, dass das Erlebnisphänomen eine substanzielle Nähe zu dem bereits entfalteten Terminus Wert im Sinne der S-D Logic aufweist. Es finden sich radikale Interpretationen der S-D Logic, die das Wahrnehmen von Gebrauchswert und Erlebnis gleichsetzen: „[It] is suggested that value is ultimately assessed by the customer, accrues from customers' experiences and interactions with the firm and others, and that value can be characterised as an experience" (Tynan et al. 2014, S. 1060). Folgt man dieser Logik zumindest in ihrer Essenz, dann ist das Erlebnismanagement eine konsequente Ausrichtung anbieterseitiger Aktivitäten auf den kundenseitigen Wertentstehungsprozess und daher eine bedeutende Ursache der Kundenzufriedenheit und Kundenbindung. Pine und Gilmore (1999) belegen Erlebnismanagement hingegen stärker anbieterinnenorientiert als Entwicklung und Gestaltung von Artefakten, die das Wertgenerierungspotenzial marktlich gehandelter Ressourcen erhöhen, weil sie Nachfrager nachhaltig (sustainable over time) ansprechen, einen einzigartigen (unique) Charakter aufweisen und einprägsam (memorable) sind. Für ein experience-orientiertes Vermarktungsmanagement ist allerdings perspektivenunabhängig bedeutsam, dass Erlebnisse nicht losgelöst von den Erfahrungen des Kunden und vom Kontext der Ressourcenanwendung entfaltet werden können. Vielmehr sind sie das Ergebnis erfahrungsbedingter Wahrnehmungen und Inferenzen der Kunden innerhalb einer gegebenen Situation (Gupta und Vajic 2000; Meyer und Schwager 2007). Anbieter können Erlebnisse daher weder generieren, noch inszenieren (Reckenfelderbäumer und Arnold 2012); sie können allerdings Antezedenzien (Artefakte) produzieren (Gupta und Vajic 2000) und dem Kunden bei der Erlebnisgenerierung mittels Service im Sinne der S-D Logic – also durch Anwendung geeigneter Kompetenzen – unterstützen (Reckenfelderbäumer und Arnold 2015). Die wesentlichen Managementaufgaben des Anbieters bestehen somit erstens darin, die Generierung und Übermittlung von Artefakten in den Nachfragerkontext zu planen, zu kommunizieren und durchzuführen.

Zweitens müssen geeignete Kompetenzen aufgebaut und dem Kunden situationsgerecht verfügbar gemacht werden. Dem Nachfrager obliegt hingegen exklusiv die Transformation der Artefakte und damit die Gebrauchswertgenerierung (Reckenfelderbäumer und Arnold 2012, 2015).

Der Erfahrungsspeicher des Kunden, verstanden als Aggregat der Erfahrungen mit einer bestimmten Ressource und/oder einem konkreten Anbieter, ist insofern bedeutend, da er sowohl den (während der Kaufentscheidung relevanten) erwarteten Gebrauchswert, als auch den (im Zuge der Ressourcenanwendung) emergierenden Gebrauchswert beeinflusst:

- Je umfangreicher der Erfahrungsspeicher, desto präziser die Prognose des erwarteten Gebrauchswerts (desto höher die Eintrittswahrscheinlichkeit der Erwartung).
- Je positiver die gespeicherten Erfahrungen mit einer konkreten Ressource, desto höher der erwartete Gebrauchswert.
- Je höher der erwartete Gebrauchswert, desto höher die Zahlungsbereitschaft und damit der realisierbare Preis.
- Je höher die Gebrauchskompetenz, desto höher das Wertentstehungspotenzial.
- Je stärker der emergierte Gebrauchswert von dem erwarteten Gebrauchswert positiv (negativ) abweicht, desto besser (schlechter) ist die Gesamtbeurteilung der Ressourcenanwendung.

Für eine relational-nachhaltige Vermarktungsphilosophie ist die Zielsetzung der repetitiven kundenseitigen Ressourcenanschaffung und -anwendung konstitutiv (Grönroos 2009). Akzeptiert man dieses Ziel, dann ist zu beachten, dass der Kunde den Erfahrungsspeicher regelmäßig sowohl während, als auch nach der Ressourcenanwendung auffüllen und neu bewerten wird. Die Entscheidung über die folgende Ressourcenanschaffung ist von den so angereicherten Erfahrungen abhängig, was wiederum auf ökonomisch relevante Erfolgskennzahlen einwirkt: Je höher der emergierende Gebrauchswert der Ressourcenanwendung, desto positiver die Erfahrungen mit der Ressource, desto höher der erwartete Gebrauchswert der folgenden Ressourcenanwendung, desto höher die Zahlungsbereitschaft und damit der realisierbare Preis. Da das Wertgenerierungspotenzial von der Gebrauchskompetenz des Kunden abhängt, ist ein wesentlicher Aspekt des Erfahrungsmanagements die anbieterseitige Bereitstellung erfahrungsgerechter Unterstützungskompetenzen: Ein Kunde mit hoher Gebrauchskompetenz (bspw. Expertise im Umgang mit einer konkreten Ressource) wird mutmaßlich andere anbieterseitige Kompetenzen wertschätzen, als derjenige Kunde, dessen Gebrauchskompetenz weniger stark ausgeprägt ist. Allerdings kann die Bereitstellung und Anwendung erfahrungsgerechter Kompetenzen (Service im Sinne der S-D Logic) nur dann die intendierten Effekte entfalten, wenn die Vermarktungsanstrengungen des Anbieters relational ausgestaltet und kontinuierlich mit der Entwicklung des Erfahrungsspeichers des Kunden synchronisiert werden.

Es ist zu resümieren: Anbieter können weder Erlebnisse, noch Erfahrungen für den Kunden generieren. Sie sind aber in der Lage, Artefakte zu planen, zu produzieren und zu vermarkten, die der Nachfrager kontextspezifisch in Erlebnisse und anschließend in Erfahrungen transformiert. Außerdem können Anbieter die korrespondierenden Transformationsprozesse mithilfe geeigneter Kompetenzen unterstützten, um so die Wahrscheinlichkeit zu erhöhen, dass die beabsichtigten Effekte tatsächlich eintreten. Anbieter sollten sich daher bewusst machen, dass Erlebnisartefakte dann positiv auf die nachfragerseitig stattfindende Wertgenerierung einwirken, wenn sie kontext- und erfahrungsgerecht verfügbar gemacht (Fynes und Lally 2008) und durch adäquate Kompetenzanwendung unterstützt werden.

3.3   Promise Management

Ausgangspunkt des Promise Managements ist der von Calonius (2006) propagierte und weitgehend mit der S-D Logic kompatible Ansatz zur Erklärung des Marktverhaltens, der auf den folgenden Thesen beruht:

- Marktlicher Austausch umfasst mindestens zwei Parteien.
- Jede Partei verfügt über spezifische Ressourcen, die die Grundlage für Wertversprechen bilden.
- Die Parteien kommunizieren ihre Wertversprechen an den Marktpartner.
- Die Wertversprechen werden von den Marktpartnern mithilfe des jeweiligen Erfahrungsspeichers interpretiert und in gegenseitige Erwartungshaltungen transformiert.
- Im Zuge des Ressourcenverwendung beurteilen die Marktpartner, ob und inwieweit die Versprechungen aus ihrer subjektiven Sicht erfüllt werden und wie schwer es ist, die eigenen Wertversprechen einzuhalten.
- Die Marktpartner erweitern ihren Erfahrungsspeicher, der zukünftig zu gebende Wertversprechen, die Interpretation zukünftig erhaltener Wertversprechen und die Erwartungen an den Marktpartner beeinflusst.

Grönroos greift in mehreren Ausarbeitungen das skizzierte Rahmenkonzept auf und extrahiert ein – aus seiner Sicht – neues Marketingverständnis, das er als Promise Management bezeichnet. Marketing verstanden als Promise Management ist

„a customer focus that permeates organizational functions and processes and is geared towards making promises through value proposition, enabling the fulfilment of individual expectations created by such promises and fulfilling such expectations through support to customers' value-generating processes, thereby supporting value creation in the firm's as well as its customers' and other stakeholders' processes" (Grönroos 2006, S. 407). Es kann somit als beziehungsorientiert-prozessualer Vermarktungsansatz charakterisieren werden, der die Teilprozesse

- ermöglichen (enable),
- geben (make) und
- halten (fulfill)

von Wertversprechen umschließt (Grönroos 2010). Promise Management ist insofern essentiell mit der S-D Logic verzahnt, da beide Denkrichtungen auf der Behauptung beruhen, dass Wert ausschließlich im Zuge der Ressourcennutzung entsteht und daher nicht von Anbietern in Ressourcen eingebettet werden kann (Lusch et al. 2008). Vielmehr können sie den Kunden nur Wertversprechen geben und Erwartungen mithilfe klassischer Marketinginstrumente wecken (Grönroos 2009). Das Halten von Wertversprechen erweist sich als problembehaftet, da nicht die Versprechen selbst, sondern diejenigen Erwartungen des Kunden zu erfüllen sind, die durch die gegebenen Wertversprechen entstehen (Calonius 2006; Grönroos 2006). Die Bedeutung von Service zur Unterstützung der kundenseitigen Gebrauchswertentstehung wurde bereits im Rahmen des Diskurses zum Experience Management aufgegriffen und bedarf daher keiner weiteren Erläuterung. Beachtlich ist allerdings, dass die Kompetenzanwendung für Kunden nicht auf einzelne Funktionsbereiche reduzierbar ist. Vielmehr haben alle potenziellen Schnittstellen (Kommunikation, Produktentwicklung, Distribution, Reparatur, Problembehandlung, Debitorenbuchhaltung etc.) eine Supportfunktion und müssen so eingesetzt werden, dass sie einen Beitrag zur Erfüllung der anbieterseitig geweckten Kundenerwartungen leisten. Es ist leicht erkennbar, dass erfolgreiches Promise Management tief und breit in den Strukturen und Systemen des Anbieters verankert sein muss, weswegen der Unternehmensführung die obligatorische Aufgabe zukommt, diejenigen anbieterinternen Voraussetzungen zu schaffen, die es ermöglichen, Wertversprechen zielgerichtet zu geben und zu halten. Dies umfasst im Besonderen das interne Marketing, das als systematische Veränderung unternehmensinterner Prozesse zu verstehen ist und auf die Etablierung des Marketing (Promise Management) als dominierende interne Denkrichtung zielt (Bruhn 1999). Promise Management ist insofern in herausragender Weise praxisgeeignet, da es explizit die zentralen Teilprozesse (geben, ermöglichen und halten von Wertversprechen)

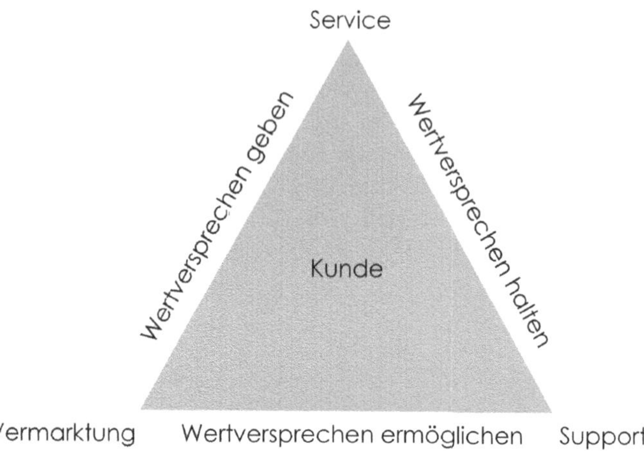

Abb. 3.2 Prozesse und Funktionen des Promise Managements

und die zu beteiligenden Funktionen (Vermarktung, Service und Support) benennt. Eine grafische Repräsentation der vorgetragenen Gedankengänge findet sich in Abb. 3.2.

Das in der S-D Logic verankerte Konzept des Financial Feedback ist in Verbindung mit dem Promise Management in besonderem Maße beachtenswert. Laut Vargo und Lusch (2006) ist unternehmerischer Erfolg (Gewinn, Marktkapitalisierung, Marktanteil, etc.) letztendlich als nachfragerseitiges Feedback für den Anbieter zu verstehen. Dies ist allerdings insofern zu hinterfragen, da unternehmensbezogene Erfolgskennzahlen immer in einem mehr oder weniger eindeutigen Zusammenhang zu den Produktverkäufen und damit zu dem Preis und der Absatzmenge stehen. Der vom Kunden entrichtete Preis stellt nämlich zumindest dann eine Erwartungshaltung an den mutmaßlich emergierenden Gebrauchswert dar, wenn die Bezahlung vor der Ressourcennutzung stattfindet. In diesem klassischen und nach wie vor regelmäßig anzutreffenden Szenario des martklich koordinierten Austauschs können Erfolgskennzahlen zwar grundsätzlich als Feedback der Erfüllung vergangener Ressourcenanwendungen interpretiert werden. Bezogen auf die erworbene Ressource handelt es sich aber um ein Feedforward und dokumentiert die Erwartungen des Kunden an die Ressourcenanwendung, die der Anbieter gemäß dem Promise Konzept zumindest einhalten sollte. Klassische betriebswirtschaftliche Erfolgskennzahlen dürfen daher nicht ausschließlich als Indikator der Zielerreichung fungieren. Vielmehr sind sie auch als Zielvorgabe für das Promise Management zu verstehen.

Schlussbetrachtung 4

Die Idee einer servicezentrierten Vermarktungsphilosophie kann selbstverständlich nicht kritikfrei bleiben. Schließlich wird postuliert, dass Sachgüter (Leistungen mit einem hohen materiellen Anteil, operande Ressourcen) in einer hierarchisch untergeordneten Beziehung zu Service stehen (Campbell et al. 2013). Zu bedenken ist allerdings, dass die ausbalanciert servicezentrierte Perspektive zwingend in enger Verbindung zum Nachfrager und nachhaltig relational sein muss. Daher eröffnen sich Differenzierungspotenziale, die klassischen Vermarktungsphilosophien verschlossen bleiben und zwar auch dann, wenn diese auf dem IHIP-Paradigma basieren. Zugespitzt, aber dennoch prägnant verweisen Osborn und Ballantyne (2012) darauf, dass eine unternehmenszentrierte, weitgehend geschlossene Vermarktung ein paradigmatischer Irrweg und damit eine unnötige Perspektiveneinengung auf anbieterseitige Aspekte und ingenieurmäßig gestaltete Produkteigenschaften darstellt, die sehr wahrscheinlich mit geringerem Markterfolg einhergeht, als ein ausbalanciert-relationaler Serviceansatz. Innovativen Anbietern ist daher zu empfehlen, die gegenwärtige Vermarktungsphilosophie kritisch auf paradigmatische Verkrustungen zu prüfen und Impulse der Serviceforschung auf Adaptierbarkeit an das eigene Geschäftsmodell zu analysieren, zu evaluieren und für sinnvoll erachtete Facetten umzusetzen. Es sei an dieser Stelle eindringlich darauf hingewiesen, dass die Implementierung eines innovativen Vermarktungskonzepts nur dann gelingen kann, wenn die zugrundeliegenden Leitideen von den betreffenden Mitarbeitern verstanden, akzeptiert und umgesetzt werden. Dies mag zwar auf den ersten Blick

© Springer Fachmedien Wiesbaden 2015

C. Arnold, *Serviceparadigmen und Implikationen für die Vermarktung*, essentials, DOI 10.1007/978-3-658-09621-2_4

als triviale Change Management Aufgabe erscheinen. Letztendlich bedeutet dies aber die Abkehr von dem – in produktionswirtschaftlich geprägten Unternehmen – tief verwurzelten Wertschöpfungsmythos, hin zu einer servicebetonten Philosophie der Unterstützung kundenseitiger Wertgenerierungsprozesse.

Literatur

Beitelspacher, L. S./Adams, F. G./Richley, R. G. (2012): Retail service-based operant resources and market performance, in: The international Journal of Logistics Management, Jg. 23, H. 3, Emerald, S. 408–434.

Bieger, T. (2007): Dienstleistungs-Management, 4., überarbeitete Auflage, Haupt, Bern.

Bortz, J./Döring, N. (2002): Forschungsmethoden und Evaluation für Human- und Sozialwissenschaftler, 3., überarbeitete Auflage, Springer, Berlin, Heidelberg, New York.

Bruhn, M. (1999): Internes Marketing als Forschungsgebiet der Marketingwissenschaft: Eine Einführung in die theoretischen und praktischen Probleme, in: Bruhn, B. (Hrsg.): Internes Marketing: Integration der Kunden- und Mitarbeiterorientierung, 2. Auflage, Gabler, Wiesbaden, S. 15–44.

Bruhn, M./Stauss, B. (2009): Kundenintegration im Dienstleistungsmanagement – Eine Einführung in die theoretischen und praktischen Problemstellungen, in: Bruhn, B./Stauss, S. (Hrsg.): Kundenintegration: Forum Dienstleistungsmanagement, Springer Gabler, Wiesbaden, S. 3–34.

Burr, W./Stephan, M. (2006): Dienstleistungsmanagement: Innovative Wertschöpfungskonzepte für Dienstleistungsunternehmen, Kohlhammer, Stuttgart.

Büttgen, M. (2008): Erscheinungsformen der Kundenintegration und Ansätze eines Integrationsmanagement, in: Stauss, S. (Hrsg.): Aktuelle Forschungsfragen im Dienstleistungsmarketing, Gabler, Wiesbaden, S. 105–132.

Büttgen, M. (2009): Die Beteiligung von Konsumenten an der Dienstleistungserstellung: Last oder Lust? – Eine motivations- und dissonanztheoretische Analyse, in: Bruhn, B./Stauss, S. (Hrsg.): Kundenintegration: Forum Dienstleistungsmanagement, Gabler, Wiesbaden, S. 63–89.

Calonius, H. (2006): Contemporary Research in Marketing: A Market Behaviour Framework, in: Marketing Theory, Jg. 6, H. 4, Sage, S. 419–428.

Campbell, N./O'Sriscoll, A./Saren, M. (2013): Reconceptualizing Resources: A Critique of Service-Dominant Logic, in: Journal of Macromarketing, Jg. 33, H. 4, Sage, S. 306–321.

Chesbrough, H. W. (2003): Open Innovation: The New Imperative for Creating and Profiting from Technology, Harvard Business School Press, Boston.

© Springer Fachmedien Wiesbaden 2015   31
C. Arnold, *Serviceparadigmen und Implikationen für die Vermarktung*, essentials,
DOI 10.1007/978-3-658-09621-2

Constantin, J. A./Lusch, R. F. (1994): Understanding resource management. How to deploy your people, products, and processes for maximum productivity, Irwin Professional Publishing, Oxford, Ohio.

Drengner, J. (2012): Service Dominant Logic – Konzept und Implikationen für das Marketingmanagement, in: Business + Innovation, Jg. 4, H. Springer, S. 8–15.

Dyckhoff, H. (2006): Produktionstheorie: Grundzüge Industrieller Produktionswirtschaft, 5. Auflage, Springer, Berlin, Heidelberg, New York.

Engelhardt, W. (1966): Grundprobleme der Leistungslehre, dargestellt am Beispiel der Warenhandelsbetriebe, in: Zeitschrift für betriebswirtschaftliche Forschung, Jg. 18, H. 2, Handelsblatt Fachmedien, S. 158–178.

Engelhardt, W. H./Kleinaltenkamp, M./Reckenfelderbäumer, M. (1993): Leistungsbündel als Absatzobjekte: Ein Ansatz zur Überwindung der Dichotomie von Sach- und Dienstleistungen, in: Zeitschrift für betriebswirtschaftliche Forschung, Jg. 45, H. 5, Handelsblatt Fachmedien, S. 394–426.

Eurostat (2015), http://ec.europa.eu/eurostat/data/database [28.02.2015].

Freiling, J./Reckenfelderbäumer, M. (2010): Markt und Unternehmung: Eine marktorientierte Einführung in die Betriebswirtschaftslehre, 3., überarbeitete und erweiterte Auflage, Gabler, Wiesbaden.

Fynes, B./Lally, A. M. (2008): Innovation in Services: From Service Concepts to Service Experiences, in: Hefley, H./Murphy, M. (Hrsg.): Service Science, Management and Engineering: Education for the 21st Century, Springer, New York, S. 329–333.

Gentile, C./Spiller, N./Noci, G. (2007): How to Sustain the Customer Experience: An Overview of Experience Components that Co-create Value With the Customer, in: European Management Journal, Jg. 25, H. 5, Elsevier, S. 395–410.

Grönroos, C. (2006): On defining marketing: Finding a new roadmap for marketing, in: Marketing Theory, Jg. 6, H. 4, S. 395–417, Sage.

Grönroos, C. (2008): Service logic revisited: Who creates value? And who co-creates?, in: European Business Review, Jg. 20, H. 4, Emerald, S. 298–314.

Grönroos, C. (2009): Marketing as promise management: regaining customer management for marketing, in: Journal of Business & Industrial Marketing, Jg. 24, H. 5–6, Emerald, S. 351–359.

Grönroos, C. (2010): Relationship Marketing as Promise Management, in: Maclaran, M./ Saren, S./Stern, S./Tadajewski, T. (Hrsg.): The SAGE Handbook of Marketing Theory, London, Sage, S. 397–412.

Gummesson, E./Lusch, R. F./Vargo, S. L. (2010): Transitioning from service management to service-dominant logic: Observations and recommendations, in: International Journal of Quality and Service Sciences, Jg. 2, H. 1, Emerald, S. 8–22.

Gupta, S./Vajic, M. (2000): The Contextual and Dialectucal Nature of Experiences, in: Fitzsimmons, F./Fitzsimmons, F. (Hrsg.): New Service Development: Creating Memorable Experiences, Sage, Thousand Oaks, S. 33–52.

Gutenberg, E. (1958): Grundlagen der Betriebswirtschaftslehre. Erster Band: Die Produktion, 4. Auflage, Springer, Berlin, Göttingen, Heidelberg.

Haase, M. (2005): Dienstleistungsökonomik: Theorie der Dienstleistungsökonomie ohne Dientleistung?, in: Corsten, C./Gössinger, G. (Hrsg.): Dienstleistungsökonomie: Beiträge zu einer theoretischen Fundierung, Duncker & Humblot, Berlin, S. 9–53.

Haase, M. (2008): Stakeholder Approach und Leistungslehre, in: Zeitschrift für Wirtschafts- und Unternehmensethik, Jg. 9, H. 2, Hampp, S. 1996–221.

Herzog, P. (2011): Open and Closed Innovation: Different Cultures for Different Strategies, 2. Auflage, Gabler, Wiesbaden.

Homburg, C. (2015): Marketingmanagement: Strategie – Instrumente – Umsetzung – Unternehmensführung, 5. Auflage, Springer Gabler, Wiesbaden.

Howe, J. (2008): Crowdsourcing: Why the Power of the Crowd Is Driving the Future of Business, Crown Business, New York.

Hughes, T./Little, E./Marandi, E. (2013): Adopting Self-Service Technology to Do More with Less, in: Journal of Services Marketing, Jg. 27, H. 1, Emerald, S. 3–12.

Kleemann, F./Voß, G. G./Rieder, K. (2009): Crowdsourcing und der Arbeitende Konsument, in: Arbeits- und Industriesoziologische Studien, Jg. 1, H. 1, S. 29–44.

Kleinaltenkamp, M. (1996): Customer Integration – Kundenintegration als Leitbild für Business-to-Business Marketing, in: Kleinaltenkamp, K./Fliess, F./Jacob, J. (Hrsg.): Customer Integration: Von der Kundenorientierung zur Kundenintegration, Gabler, Wiesbaden, S. 13–24.

Kleinaltenkamp, M. (1997: Integrativität als Kern einer umfassenden Leistungslehre, in: Backhaus, B./Günter, G./Kleinaltenkamp, K./Plinke, P./Raffée, R. (Hrsg.): Marktleistung und Wettbewerb: Strategische und operative Perspektiven der marktorientierten Leistungsgestaltung, Gabler, Wiesbaden, S. 83–114.

Kleinaltenkamp, M./Bach, T./Griese, I. (2009): Der Kundenintegrationsbegriff im (Dienstleistungs-)Marketing, in: Bruhn, B./Stauss, S. (Hrsg.): Forum Dienstleistungsmanagement: Kundeninegration, Springer Gabler, Wiesbaden, S. 35–62.

Leimeister, J. M. (2012): Dienstleistungsengineering und -management, Srpinger Gabler, Berlin, Heidelberg.

Lovelock, C./Gummesson, E. (2004): Whiter Services Marketing? In Search of a New Paradigm and Fresh Perspectives, in: Journal of Service Research, Jg. 7, H. 1, Sage, S. 20–41.

Lusch, R. F./Vargo, S. L. (2011): Service dominant logic: a necessary step, in: European Journal of Marketing, Jg. 45, H. 7/8, Emerald, S. 1298–1309.

Lusch, R. F./Vargo, S. L. (2012a): Marketing Value, in: Marketing News, Jg. 46, H. 6, AMA, S. 30.

Lusch, R. F./Vargo, S. L. (2012b): The forum on markets and marketing (FMM): Advancing service-dominant logic, in: Marketing Theory, Jg. 12, H. 2, Sage, S. 193–199.

Lusch, R. F./Vargo, S. L./Wessels, G. (2008): Toward a conceptual foundation for service science: Contributions from service-dominant logic, in: IBM Systems Journal, Jg. 47, H. 1, IBM, S. 5–13.

Madhavaram, S./Hunt, S. D. (2008): The service-dominat logic and a hierarchy of operant resources: Developing masterful operant resources and implication for marketing strategy, in: Journal of the Academy of Marketing Science, Jg. 36, H. 1, Springer, S. 67–82.

Maglio, P. P./Vargo, S. L./Caswell, N. (2009): The service system is the basic abstraction of service science, in: Information Systems and e-Business Management, Jg. 7, H. 4, Springer, S. 395–406.

Meyer, C./Schwager, A. (2007): Understanding Customer Experience, in: Harvard Business Review, Jg. 85, H. 2, Harvard Business Publishing, S. 116–126.

Möller, S. (2008): Gültigkeit der Charakteristika von Dienstleistungen – eine Frage des Bezugsobjektes, in: Beckenstein, B. (Hrsg.): Neue Herausforderungen an das Dienstleistungsmarketing, Gabler, Wiesbaden, S. 197–216.

Ng, I./Maull, R./Smith, L. (2011): Embedding the New Discipline of Service Science, in: Demirkan, D./Spohrer, S./Krishna, K. (Hrsg.): The Science of Service Systems, New York, Springer, Dordrecht, Heidelberg, London, S. 13–35.

Osborne, P./Ballantyne, D. (2012): The paradigmatic pitfalls of customer centric marketing, in: Marketing Theory, Jg. 12, H. 2, S. 155–172, Sage.

Palmer, A. (2010): Customer experience management: A critical review of an emerging idea, in: Journal of Services Marketing, Jg. 24, H. 3, S. 196–208.

Pénin, J./Hussler, C./Burger-Helmchen, T. (2011): New shapes and new stakes: a portrait of open innovation as a promising phenomenon, in: Journal of Innovation Economics, Jg. 1, H. 7, Cairn, S. 11–29.

Pine, B. J./Gilmore, J. H. (1999): The Experience Economy: Work Is Theater & Every Business a Stage, Harvard Business Review Press, Boston.

Reckenfelderbäumer, M. (2009): Die Gestaltung der Kundenintegration als Kernelement hybrider Wettbewerbsstrategien im Dienstleistungsbereich, in: Bruhn, B./Stauss, S. (Hrsg.): Forum Dienstleistungsmanagement: Kundenintegration, Gabler, Wiesbaden, S. 213–234.

Reckenfelderbäumer, M./Arnold, C. (2012): Der informatisierte Kunde – Handlungsempfehlungen für das Customer Experience Management, in: Bruhn, B./Hadwich, H. (Hrsg.): Customer Experience: Forum Dienstleistungsmanagement, Springer Gabler, Wiesbaden, S. 85–105.

Reckenfelderbäumer, M./Arnold, C. (2015): Value Creation durch ubiquitären E-Service – Eine innovative Angebotsform aus Sicht der Leistungslehre, in: Fließ, S./Haase, M./Jacob, F/Ehret, M. (Hrsg.): Kundenintegration und Leistungslehre, Springer Gabler, Wiesbaden, S. 87–111.

Reckenfelderbäumer, M./Busse, D. (2006): Kundenmitwirkung bei der Entwicklung von industriellen Dienstleistungen – eine phasenbezogene Analyse, in: Bullinger, B./Scheer, S. (Hrsg.): Service Engineering: Entwicklung und Gestaltung innovativer Dienstleistungen, Springer, Berlin, Heidelberg, New York, S. 141–166.

Regan, W. J. (1963): The Service Revolution, in: Journal of Marketing, Jg. 27, H. 3, AMA, S. 57–62.

Rösner, J. (1998): Service – ein strategischer Erfolgsfaktor von Industrieunternehmen?, ESV, Hamburg.

Sachverständigenrat zur Begutachtung der gesamtwirtschaftlichen Entwicklung (2015), http://www.sachverstaendigenrat-wirtschaft.de/fileadmin/dateiablage/download/zeitreihen/ZR022.xlsx [28.02.2015].

Schweitzer, F. M./Buchinger, W./Gassmann, O./Obrist, M. (2012): Crowdsourcing: Leveraging Innovation through Online Idea Competitions, in: Research-Technology Management, Jg. 55, H. 3, Industrial Research Institute, S. 32–38.

Smith, A. (1974): Der Wohlstand der Nationen: Eine Untersuchung seiner Natur und seiner Ursachen, aus dem Englischen neu übertragen und mit einer umfassenden Würdigung des Gesamtwerkes, Vollständige Ausgabe nach der 5. Auflage (letzter Hand), London 1789, dtv, München.

Spohrer, J. (2008): Services Sciences, Management, and Engineering (SSME) and Its Relation to Academic Disciplines, in: Stauss, S./Engelmann, E./Kremer, K./Luhn, L. (Hrsg.): Services Science: Fundamentals, Challenges and Future Developments, Springer, Berlin, Heidelberg, New York, S. 11–40.

Spohrer, J./Maglio, P. P./Bailey, J./Gruhl, D. (2007): Steps Toward a Science of Service Systems, in: IEEE Computer Society, Jg. 40, H. 1, IEEE Computer Society Press, S. 71–77.

Tynan, C./McKechnie, S./Hartley, S. (2014): Interpreting value in the customer service experience using customer-dominant logic, in: Journal of Marketing Management, Jg. 30, H. 9–10, Routledge Taylor & Francis, S. 1058–1081.

Ullrich, H. (1970): Die Unternehmung als produktives soziales System: Grundlagen der allgemeinen Unternehmungslehre, 2., überarbeitete Auflage, Paul Haupt, Bern, Stuttgart.

Vargo, S. L. (2009): Toward a transcending conceptualization of relationship: A service-dominant logic perspective, in: Journal of Business & Industrial Marketing, Jg. 24, H. 5/6, Emerald, S. 373–379.

Vargo, S. L./Akaka, M. A. (2009): Service-Dominant Logic as a Foundation for Service Science: Clarifications, in: Service Science, Jg. 1, H. 1, Informs, S. 32–41.

Vargo, S. L./Lusch, R. F. (2004): Evolving to a New Dominant Logic for Marketing, in: Journal of Marketing, Jg. 68, H. 1, AMA, S. 1–17.

Vargo, S. L./Lusch, R. F. (2006): Service-Dominant Logic: What It Is, What It Is Not, What It Might Be, in: Vargo, V./Lusch, L. (Hrsg.): The Service-Dominant logic of Marketing: Dialog, Debate, and Directions, Armonk, Routledge Taylor & Francis, London, S. 43–56.

Vargo, S. L./Lusch, R. F. (2008a): From goods to service(s): Divergences and convergences of logics, in: Industrial Marketing Management, Jg. 37, H. 3, Elsevier, S. 254–259.

Vargo, S. L./Lusch, R. F. (2008b): Service-dominant logic: Continuing the evolution, in: Journal of the Academy of Marketing Science, Jg. 36, H. 1, Springer, S. 1–10.

Vargo, S. L./Lusch, R. F. (2010): From Repeat Patronage to Value Co-creation in Service Ecosystems: A Transcending Conceptualization of Relationship, in: Journal of Business Market Management, Jg. 4, H. 4, Springer, S. 169–179.

Vargo, S. L./Lusch, R. F. (2011): It's all B2B...and beyond: Toward a systems perspective of the market, in: Industrial Marketing Management, Jg. 40, H. 2, Elsevier, S. 181–187.

Vargo, S. L./Morgan, F. W. (2005): Services in Society and Academic Thought: An Historical Analysis, in: Journal of Macromarketing, Jg. 25, H. 1, Sage, S. 42–53.

Vargo, S. L./Maglio, P. P./Akaka, M. A. (2008): On value and value co-creation: A service systems and service logic perspective, in: European Management Journal, Jg. 26, H. 3, Elsevier, S. 145–152.

Vargo, S. L./Lusch, R. F./Akaka, M. A. (2010a): Advancing Service Science with Service-Dominant Logic: Clarifications and Conceptual Development, in: Maglio, M./Kieliszewski, K./Spohrer, S. (Hrsg.): Handbook of Service Science, Srpinger, New York, Dordrecht, Heidelberg, London, S. 133–156.

Vargo, S. L./Lusch, R. F./Akaka, M. A./He, Y. (2010b): Service-Dominant Logic: A Review and Assessment, in: Malhotra, M. (Hrsg.): Review of Marketing Research, Volume 6, Emerald, Armonk, London, S. 125–167.

Voeth, M./Herbst, U. (2010): Dienstleistugnsbegleitende Produkte, in: Georgi, G./Hadwich, H. (Hrsg.): Management von Kundenbeziehungen: Perspektiven – Analysen – Strategien – Instrumente, Gabler, Wiesbaden, S. 453–468.

Voigt, K.-I. (2008): Industrielles Management: Industriebetriebslehre aus prozessorientierter Sicht, Springer, Berlin, Heidelberg.

Voss, G. G./Rieder, K. (2005): Der arbeitende Kunde: Wenn Konsumenten zu unbezahlten Mitarbeitern werden, Campus, Frankfurt, New York.

Wieland, H./Polese, F./Vargo, S. L./Lusch, R. F. (2012): Toward a Service (Eco)Systems Perspective on Value Creation, in: International Journal of Service Science, Jg. 3, H. 3, IGI Global, S. 12–25.

Zanger, C. (2007): Leistungskern, in: Albers, A./Herrmann, H. (Hrsg.): Handbuch Produktmanagement: Strategieentwicklung – Produktplanung – Organisation – Kontrolle, Gabler, Wiesbaden, S. 97–118.

Zeithaml, V. A./Parasuraman, A./Berry, L. L. (1985): Problems and Strategies in Service Marketing, in: Journal of Marketing, Jg. 49, H. 2, AMA, S. 33–46.